ABC DINOSAURIOS

Libro creado por P.G. Hibbert

ISBN 979-8-8689-4855-8

ABC DINOSAURIOS

Aprende el Alfabeto con Dinosaurios

P.G. Hibbert

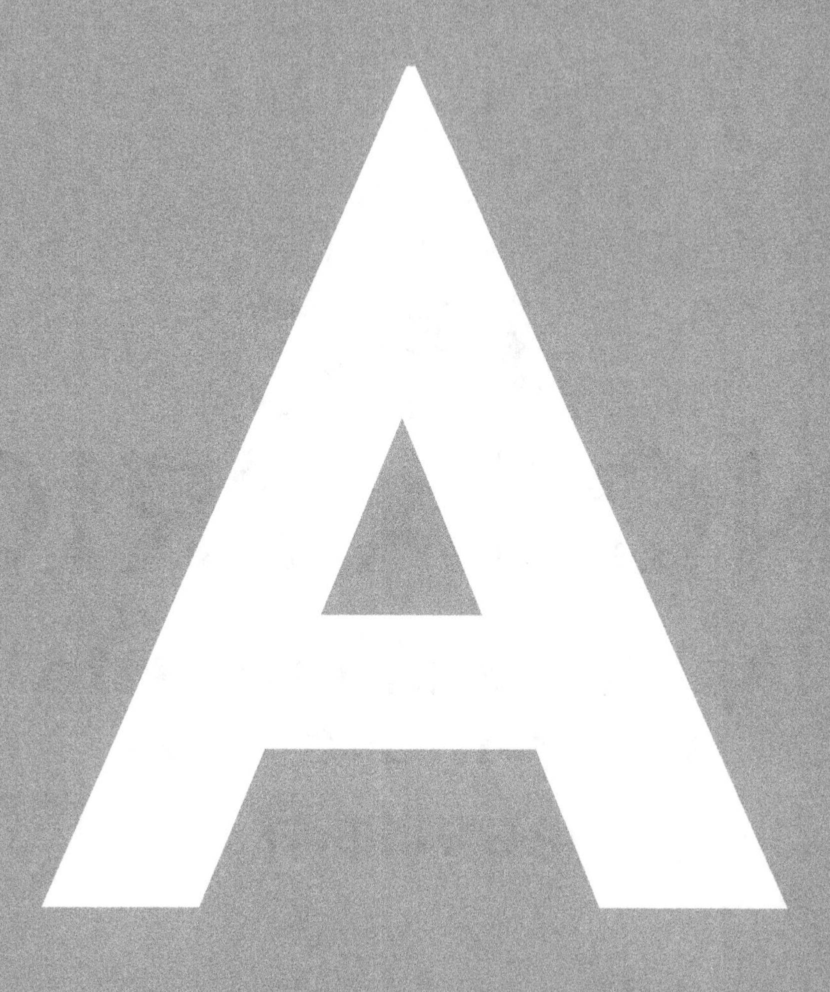

Ankylosaurus

Brontosaurus

Carnotaurus

Dilophosaurus

Elasmosaurus

F

Familia

Gallimimus

Hadrosaurus

Iguanodon

Jobaria

K

Kentrosaurus

Lambeosaurus

Mosasaurus

Nedoceratops

Oviraptor

P

Pterodáctilo

Quaesitosaurus

Rebbachisaurus

Spinosaurus

T

Tyrannosaurus Rex

Utahraptor

Vélociraptor

Wannanosaurus

Xenoceratops

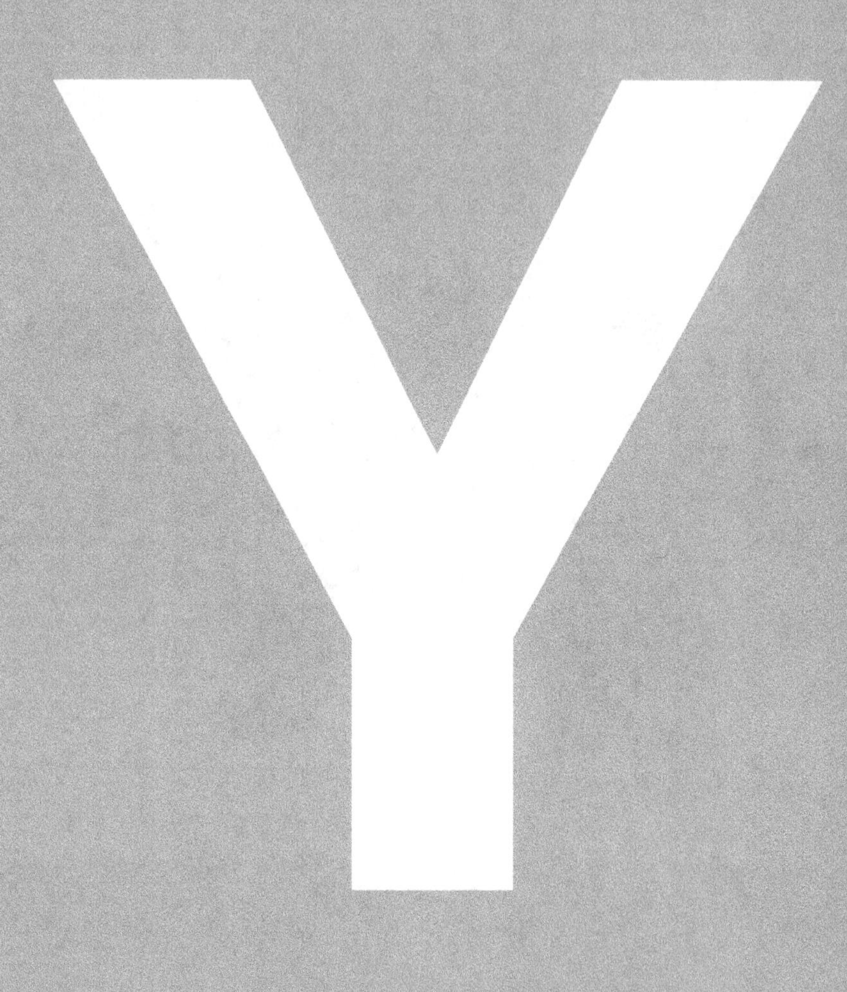

Yinlong

Zalmoxes

www.ingramcontent.com/pod-product-compliance
Lightning Source LLC
Chambersburg PA
CBHW081400160726
48000CB00010B/3429

* 9 7 9 8 8 6 8 9 4 8 5 5 8 *